Library of
Davidson College

ASTROLOGER IN THE UNDERGROUND

ANDRZEJ BUSZA

ASTROLOG W METRZE

Wiersze

ANDRZEJ BUSZA

ASTROLOGER
IN THE UNDERGROUND

TRANSLATED FROM THE POLISH

BY JAGNA BORAKS
MICHAEL BULLOCK

OHIO UNIVERSITY PRESS
ATHENS, OHIO

Copyright © 1970 by Andrzej Busza,
Michael Bullock, Lillian J. Nemetz

Library of Congress Catalog Card Number 70-108331

Manufactured in the United States of America

All rights reserved.

ISBN 8214-0073-8

FOREWORD

Andrzej Busza was born in 1938 in Cracow, Poland, and educated in England, at St. Joseph's College and University College, London. He was a member of the London-based **Kontynenty** group of Polish poets (1958-1962). His poems have appeared in Polish periodicals in Poland and abroad since 1958 and are included in four anthologies of Polish poetry, **Ryby na piasku** (London, 1965), **Opisanie z pamięci** (Warsaw, 1965), **Neue polnische Lyrik** (Darmstadt, 1965) and **Nach der Sintflut: eine Auslese neuer polnischer Lyrik** (Munich, 1968). His first volume of poems, **Znaki wodne**, was published by the Institut Littéraire, Paris, 1969. In 1962 he received the Kościelski Foundation prize. He is the author of a monograph on Conrad, **Conrad's Polish Literary Background** (Rome and London, 1966); and was awarded a Canada Council Doctoral Fellowship to complete a dissertation at the University of London on Conrad's relationship to Russian literature. He lives in Vancouver and teaches English at the University of British Columbia.

INTRODUCTION

Andrzej Busza is a Polish poet who—in spite of having been educated in England and having lived for many years in that country before emigrating to Canada—still writes in Polish: his poetic thought automatically clothes itself in the language of his childhood.

He writes in a tradition which, if it is not specifically Polish, is at least strongly European. His poems are full of an intense emotion held in check and subordinated to the demands of form and structure. They are characterized by lucid and vivid imagery formulated with great economy of language. A rich content is compressed and crystallized into a few short stanzas that have the concentrated glow of stained-glass windows.

Unconcerned with the transient phenomena of contemporary existence, Busza's themes are the eternal vicissitudes of the human condition and man's place in the fundamentally unchanging natural world. His iconography is archetypal, drawn from the deepest realms of the spirit, the source of myth and legend. His poems move the reader with an immediacy denied to more cerebral or discursive writing.

The selection of Andrzej Busza's poems presented in this volume—which is substantially the same as his Polish collection **Znaki wodne (Watermarks)** published by the Institut Littéraire (Paris)—covers most facets of his work. The poem "Mermaid" with which the book opens is a kind of poetic manifesto expressing Andrzej Busza's conception of the role of poetry, symbolized by the green mermaid as a protection and talisman which enables the poet to cleave his way through the oceans of life and survive its storms.

A few words should be said about the method employed in rendering these poems into English. I myself know no Polish, hence my role was essentially that of arbitrator and animator. In every case a draft translation was made by Miss Boraks, which was then looked at through a microscope by the author, Miss Boraks and myself. In the course of this critical reading countless alternative versions were suggested by all three of us and from these alternatives the final version was gradually agreed upon. I think the author will not object if I say that occasionally the final version involved fairly radical changes in the form, though never in the content, of the original.

In this connection it must be admitted that the verbal music of the original was extremely difficult to capture and has to some extent been lost. Polish is an exceedingly musical language and Andrzej Busza utilizes this quality to the full. It was not by any means always possible to reproduce the musical effect in English. Another specific difficulty arose out of the conciseness of the original, which again is due to characteristics of Polish, which uses no definite or indefinite article and replaces many prepositions by prefixes and inflexions, so that the number of words required to convey an idea or create an image is fewer in Polish than in English. Again, this is particularly characteristic of Andrzej Busza's writing.

In spite of these admissions, we feel that

these translations were made under circumstances that enabled them to do justice to the originals. It is an axiom of translation that the ideal to aim at is the text which the author would have written had he been writing in the language of the translation—in this case English. As a general rule this ideal is a chimera, if only because it is a matter of pure conjecture what any given author would have written if his language of expression had been that of the translation. In view of Mr. Busza's perfect knowledge of English, however, and his total involvement in each translation as it was made, I think it would be no exaggeration to say that the English versions presented here were produced under such exceptionally favorable conditions that they come as close to this hypothetical ideal as any translation could. Certainly they all have the author's wholehearted approval and contain contributions that are specifically his.

Michael Bullock

CONTENTS

I

Syrena 2

II

Staw	6
Łabędzie	8
Ptaki	10
Znaki na wodzie	12
Podwórze	14
Operacja	16
Mała Apokalipsa	18
Kiedy opuścił go anioł	20
Przebudzenie	22
Tygrys	24

III

Kobieta z wiolonczelą i lisami	28
Astrolog w metrze	30
Szachy	32
Nawiedziny	34
Uwita w kwiatów bogactwo	36
R. i J.	38
Róża	40
Ogień	42

IV

Starcy	46, 47
Owoc żywota	50
Pożegnanie lata	52
Noc	54
Atol	56
Pasmo Tantala	58
Dyliżans prowincjonalny	60

CONTENTS

Foreword
Introduction

I

The Mermaid   3

II

The Pond   7
Black   9
Birds   11
Signs on the Water   13
The Yard   15
Operation   17
Small Apocalypse   19
When the Angel Left Him   21
The Awakening   23
Tiger   25

III

Woman with Cello and Foxes   29
Astrologer in the Underground   31
Game of Chess   33
Visit   35
Garlanded in the Glory of Flowers   37
R. & J.   39
The Rose   41
Fire   43

IV

Old Men   48, 49
The Fruit of the Womb   51
Farewell to Summer   53
Night   55
Atoll   57
Tantalus Range   59
Provincial Stage Coach   61

wind

I

SYRENA

zatoka
stalową świeci pustką
jak pierścień
bez kamienia

stworzę żaglowiec
niech zatrzepocze
jasny
w źrenicy słońca

kresem podróży
będą
chłodne karty biegunów

i kimeryjski żar
obręczy raka

przeciw sztormom
i cynicznej paszczy
lewiatana

. zieloną
wyrzeźbię na rufie
syrenę

THE MERMAID

the steel bay
gleams empty
like a ring
without a stone

let there be a ship

let its sails
quiver white
in the sun's lidless eye

the cold charts of the poles
and the burning zone of cancer
will set bournes to the voyage

to ward off gales
and the cynical maw
of leviathan

I will carve
on the prow
a green mermaid

II

STAW

dzieli go
od nieba
szyba blasku

górą
pędzą błękitne pawie wiatru

sosny
wybuchają
raz po raz
słońcem

wewnątrz
u korzeni mroku
krążą zegarowe ryby
nastawione na północ

to jest niebezpieczny staw

czai się
jak lustro

THE POND

a sheet of light
divides it from the sky

above
race the sky-blue peacocks of the wind

the pines
explode again and again
with sunfire

inside
among the roots of darkness
circle time-fish
set for midnight

it is a dangerous pond

it lies in wait
like a mirror

ŁABĘDZIE

płyną łabędzie
czarne
do cieni przybite
czarnych
żagle słoty
oprawne w słońce

ręce
które kiedyś
drążyły korę
więdną cicho
jak powój
na bielonej ścianie

przez palce
przecieka
złota rdza
i łabędź
który rośnie
w ciemność

BLACK

black
the swans glide
nailed to their shadows
storm-black sails
edged with sunlight

hands
which once
hollowed out bark
wither
like bindweed
on a bleached wall

through fingers
seep
golden rust
and the swan
rising
into darkness

PTAKI

nocami
nawiedzają nas ptaki
wydziobują z oczu sen
o królestwie słoneczników

usidłani
rusztowaniem rzeczy twardych
czytamy po omacku
chropowatość cegieł
i chłód żelaza

stajemy
w sokolim brzasku
krzyże strachów
odarte ze szmat

BIRDS

nightly
birds come
and pluck from our eyes
dreams of sunflower kingdoms

ensnared
in a scaffold of hard things
we blindly trace
the roughness of brick
the chill of iron

we stand fixed
in the hawklight of dawn
like crucified scarecrows
stripped
of their rags

ZNAKI NA WODZIE

siedział siedemdziesiąt lat
nad brzegiem Siloe
i śledził znaki na wodzie

widział jak wiatr
spina brudne fale
iskrami słońca
i słyszał szum deszczu
po nocach

żaden anioł
nie wytłumaczył mu
tych symboli
nie powiedziano mu nawet
po co właściwie tu jest

pewnego ranka
tłum zepchnął go
do butelkowo-zielonej wody
utonął
zostawiając po sobie
duże koło
zdziwienia

SIGNS ON THE WATER

seventy years
he sat on the banks of Siloa
watching signs on the water

he saw the wind
thread the turbid waves
with sunlight
and heard the murmur of rain
at night

no angel
explained to him
the meaning of these symbols
no one told him
why he was there

one morning
the multitude pushed him
into the bottle-green water
he drowned
leaving behind
a faint ripple
of puzzlement

PODWÓRZE

cztery deski
na krzyż zbite
nad kurzą grzędą

od ściany do ściany
biegnie stryczek
z nieskazitelnie białą bielizną

wywyższoną
ponad rude sprężyny
i kły kaczanów w błocie

na tym podwórzu
złoty kur nie pieje

zieleń opada
z jabłoni niepostrzeżona

jak policzony włos
z głowy

THE YARD

four boards
nailed crosswise
above the roost

from wall to wall
runs a rope
bearing immaculate linen

lifted
above the rusted springs
and stalk-tusks in the mud

in this yard
the golden rooster does not crow

green falls from the apple-tree
unobserved

like a numbered hair
from the head

OPERACJA

włożono go
w imadło ciszy
z góry przykręcono pułap nieba
z dołu taflę nieruchomej wody

i zaciśnięto z wolna gwinty

wisiał tak
w próżni
dusząc się
aż tchu mu brakło

wtedy bezmyślnym drgnięciem
wywołał spięcie biegunów
ruszyły elektronowe tryby
i zębatym kołem
zmiażdżyły
kruchą bańkę serca

po czym
ponownie naoliwiono łożyska

OPERATION

he was placed
in the clamp of silence

above him
the ceiling of the sky
below
the sheet of still waters

slowly
bolts were tightened

he hung
in the void
gasping
till he could breathe no more

with an involuntary spasm
he set the cogs in motion
the electronic gears moved
crushing the brittle bubble of his heart

then the grooves and sockets were re-oiled

MAŁA APOKALIPSA

tam za drzewami
czeka na nas
czarna góra

jest niczym
brakiem błękitu
nocami
dziurą w niebie

zgarbiona
nieforemna jak asfalt
pełznie z sykiem
przez świerki
ku naszym dolinom
gdzie białe owce
i króliki z przezroczystymi uszami
szczypią trawę

rzucamy pługi
wrzeciona
obejmując wzrokiem
po raz ostatni
budynki folwarczne
robimy krótki rachunek sumienia

z mozaiki
szczeka pies
cave canem

dobrze że góra ruszyła
w dzień powszedni

SMALL APOCALYPSE

there behind the trees
a black mountain
awaits us all

it is nothing
a gap in the blue
at night
a hole in the sky

hunched
formless as asphalt
it creeps hissing
through the spruce-trees
towards our valleys

where white sheep
and rabbits with transparent ears
nibble the grass

we leave our ploughs
and spinning-wheels
and casting a final glance
at our farmsteads
we briefly
take stock of our conscience

from the mosaic landscape
a dog barks
cave canem

it is good that the mountain moved
on a weekday

KIEDY OPUŚCIŁ GO ANIOŁ

któregoś wieczoru
opuścił go anioł
pofrunął z wiatrem
jak muślinowa chorągiew

przez pięć ran
wtargnęły do wnętrza
słone wody
siedlisko koni morskich
i wyłupiastych ryb

w piekącym mule
w niewodzie oleistych alg
biały butwieje manekin
z czasem i szafirowe błyski
na dnie źrenic
zmatowieją

WHEN THE ANGEL LEFT HIM

one evening
the angel left him
flying away with the wind
like a muslin flag

through five wounds
salt water
the home of sea-horses
and goggle-eyed fish
poured into him

in the burning silt
in the net of oily weeds
the white manikin rots
soon even the sapphire gleaming
in the depths of the pupils
will dim

PRZEBUDZENIE

w lesie jędrnych szyszek
i kwaśnej żywicy
przywracam do życia
wiolonczelę
porośniętą trądem kalafonii

czterema strunami
nabitymi
jak krtań krzykiem
rozdzieram jedwab ciszy

przez kręgi igliwia
przez słoje wysokopiennych drzew
biegnie iskra drzewnej muzyki
jak jeleń który budzi las

THE AWAKENING

in the forest
of hard pine-cones
and sour sap
I bring to life a cello
leprous with resin

with four strings
like vocal cords
taut with screaming
I tear the silk of silence

through the wreaths of needles
through the rings of tall trees
there darts a spark of wood music
like a stag
awakening the forest

TYGRYS

mój tygrys
woła
na mnie we mgle

złoty
w klatce sinych pręgów
żarzy się
ostro
lontem źrenic

potrójnie głupi
jak klan **Bandar-logu**
zakryłem oczy
uszy i usta

czekam
w koronie
gasnących drzew

kiedy kwaśny oddech
liże pnie
pod żebrem serce
swędzi
jak dziąsło

TIGER

my tiger
calls to me
through the fog

golden
in a cage of purple stripes
he burns
through the embers of his pupils

thrice foolish
like the **Bandar-log**
I cover my eyes
my ears and mouth

and wait
in the blazing crown
of dying trees

when the sour breath
licks the boles
my heart
claws at the bars of my ribs

III

KOBIETA Z WIOLONCZELĄ I LISAMI

na skrzyżowaniu
zastygła kobieta

czeka aż jabłko
znów się zazieleni

do uda tuli
czarną wiolonczelę

i drży kiedy mrowie nut
przeszywa jej ciało

trzy lisy
każdy innego odcienia jesieni

wietrzą krew
na strunach wiatru

WOMAN WITH CELLO AND FOXES

at the crossroads
a woman stands transfixed

waiting
for the apple-tree
to blossom again

she presses a black cello
to her thigh

and trembles as the chords
swarm through her flesh like ants

three foxes
each of a different autumn color

scent blood
on the strings of the wind

ASTROLOG W METRZE

obojętnie
z jazgotem
skrył się w tunelu
pociąg

na pustym peronie
siwobrody mag
oblicza efekty złączenia
obydwu niefortun Marsa
i srogiej Wenery

nic go nie obchodzi
moja dziewczyna
przemieniona w seledynowy śpiew
z piersią porośniętą korą
z strużką słońca
na brzozowym udzie

ASTROLOGER IN THE UNDERGROUND

with an indifferent rumble
a train
vanished
into the tunnel

on the deserted platform
a gray-bearded magus
calculates
the malignant conjunction
of Mars
and stern Venus

what does he care
about my girl
transformed into a celadon song
her breasts overgrown with bark
a trickle of sunlight
on her silver-birch thigh

SZACHY

kolczaste słowa
wiatrem rozwichrzone
wyznaczyły pole bitwy

pomiędzy nami
czarno-biała krata niezgody
migdałowa biel raju
podminowana zdradą węża

laufry skrzyżowały piki
koń naciera na bezbronną wieżę
królowa jak osa
kieruje sztylet w serce króla

o zmierzchu
wieczny szach
zamraża szyki bojowe

chwytam miecz Tamerlana
Ty pokornie składasz głowę
na pniu

GAME OF CHESS

barbed words
twisted by the wind
mark the battle-field

between us
a black and white grid of discord
an almond paradise
poisoned by the snake

bishops cross pikes with pawns
the knight attacks the defenseless castle
the queen like a wasp
points her dagger at the king's heart

at dusk
stalemate
deadlocks the battle

I seize the sword of Tamerlane
you humbly lay your head
upon the block

NAWIEDZINY

przyjdziesz do mnie
przez śnieg
przez gołoledź
przez gołe drzewa

usłyszę kroki w zaspach
usłyszę zgrzyt drzemiącego klucza
staniesz niemo wewnątrz lustra

wtedy w trójkącie nocy
wybuchną róże
czarno czerwono i złoto
jak ognie
pod zimnym niebem

VISIT

you will come to me
through snow
through rime
through naked trees

I shall hear footsteps
in the snowdrifts
I shall hear the grind
of the wakened key

you will stand mute
inside the mirror

in the three corners of the night
roses will explode
red black and gold
under the cold sky

UWITA W KWIATÓW BOGACTWO
Wili

jesteś ogrodem mych wzruszeń

pod altaną gwiazd
w stalowym kręgu księżyca
błyszczysz śniada
jak rosą przyprószone murawy

we włosach niesiesz
wian ognisty krokusów
w oczach chabry głębokie

kiedy stąpasz wśród klombów
do stóp twych się garną
czarne bratki i żółte łubiny

gdy kładziesz się w trawach
na każdej piersi
białym snem usypia
nenufar

przybliżam usta
ostrożnie jak koliber
i w zatoce konwalii
ciepłe zakwitają piwonie

zapomnij uwita w ten przepych kwiatów
o kosie jesieni
która plugawym zębem
szarpie najcenniejsze arrasy

GARLANDED IN THE GLORY OF FLOWERS
for Wila

you are the garden of my affections

under the bower of stars
within the steel ring of the moon
you shine dusky
like meadows powdered with dew

in your hair
you bring
a burning garland of crocuses
in your eyes
deep cornflowers

when you walk among flowerbeds
black pansies and scarlet poppies
throng to your feet

when you lie in the grass
on each breast
a lotus dreams white dreams

cautiously
like a humming-bird
I approach my lips
and in the bay of lilies
warm peonies blossom

bedecked in this profusion of flowers
forget
the scythe of autumn
which tears
the most exquisite tapestries
with its fetid tooth

R. i J.

zaczęło się pod niebem tak jasnym
że przelot jaskółki był bolesną skazą

wokoło głazy
mistrzowskim dłutem łupane
rwały się do Boga
na kamiennych skrzydłach

w zmierzchu i chłodzie naw
rozety gwiaździste
pachniały kadzidłem

były biesiady
szemrzące potokiem jedwabiów
maskarady
krwawym językiem pochodni
przedrzeźniające dzień

były schadzki
w błękitnych kuluarach
nad wodą
pod różą księżyców

wszystko po to
żeby kiedyś
omackiem spłodzić
monstrum dwugłowe

złotą uwieńczone aureolą

R. & J.

it began beneath a sky so clear
that even the flight of a swallow
seemed like a blemish

the stones
carved by a master's chisel
were striving to rise towards God
on granite wings

in the cool dusk of naves
rose-windows
breathed incense

there were banquets
rustling with rivers of silk
masquerades
that aped daylight
with flickering tongues

there were assignations
in azure cloisters
under the rose of moons
beside splashing fountains

all this
to engender
groping
a two-headed monster
nimbus-crowned

RÓŻA

i róża
wschód wiśniowy
słodycz słońc
wydestylowana z traw pokory
w błonnym kielichu
korzeniem tkwi twardo
jak ząb biały
w gnojach

miłować trzeba
miłość wciskać
w rzeczy w ciało

u kresu
na stanicy
wideł stalowe rozdziawienie

albo
łuna i rdzeń paleniska
które wszystko
przez popiół
nad śnieg
nad żyły błyskawic
wybieli

albo
gęste rzęsy
nad wodami
żyznego mułu
powracające cykliczną stęchlizną

oto
dwie drogi
tylko

od róży do róży

THE ROSE

even the rose
the flower of dawn
the sweetness of suns
distilled from lowly grass
in a petalled chalice
stands firmly rooted
like a white tooth
in dung

one must love
thrust love
into things into flesh

at the road's end
the steel prongs of the pitchfork

either
the glow and the core of flame
that purifies all
through ashes
and bleaches
whiter than snow
whiter than the veins of lightning

or green weeds
like thick lashes
decaying
upon the waters
of fertile slime

these
are the two roads
only

from the rose to the rose

OGIEŃ

tylko ogniem
wytrzebić można
gniazdo płomieni

ogień wypiera ogień
jak żelazo żelazo

w czarnej pochwie dymu
syczy rdzeń paleniska

jak rozżarzona struna
która pali dłonie

palcami nie można
zatamować żył nocy

ręką zatrzymać świateł
kiedy upływają z ciała

tylko ogniem
zawrócić można
pochód czerni

tylko ogniem
zgasić ognisko

FIRE

only with fire
can you quench fire

fire drives out fire
as iron drives out iron

in the black scabbard of smoke
the core of the blaze hisses

like a white-hot wire
burning the hands

you cannot stanch the veins of night
with your fingers

you cannot check the light
when it bleeds from the body

only fire
can turn back the cortège of darkness

only fire
burns fire

IV

STARCY

pod murem
trzech starców
w kości grało

palcami drżącymi
jak powój
na płocie

opodal
wiły się we śnie
kostury

toboły drzemały
zgarbione
pielgrzymką lat

w sadach
o ziemię
dzwoniły owoce

niebem
bezgłośnie
sunęło słońce

pobłękitniały zagony
chłopi wracali
do sennych chat

oni zaś grali i grali
namiętnie
jak młodzi kochają

nie bacząc na ciemność
ani na chłodny
brzęk gwiazd

kiedy nad wioską
pierwszy
zabłysnął kur

pod murem
lśniły trzy muchomory
z białymi oczami kości

OLD MEN

under the wall
three old men
were playing at bones

their fingers trembled
like creepers
on a fence

nearby
staves
writhed in sleep

bundles dozed
hunched
from the pilgrimage of years

in orchards
fruit thudded
on the soil

the sun
noiselessly slid
through the sky

furrows turned blue
as the peasants trudged back
to their cottages

the old men played and played
with ardor
as the young love

ignoring darkness
and the cool
jingle of stars

when the first cock
reddened
above the village

three toadstools glistened
under the wall
their white eyes like bones

OWOC ŻYWOTA

na lewadzie
drzewo rozłożyste
wyciąga gałąź
ociężałą człowiekiem

wisi tuż nad ziemią
oczy porośnięte listowiem
głowa
w aureoli ptaków

milczy
jak drętwy język
w zużytym dzwonie

stopy
ociekają bielą
która cicho
kapie na piasek

nad nim niebo
czyste i błyszczące
nachyla się lirycznie
jak narcyz

THE FRUIT OF THE WOMB

in a glade
a wide-branched tree
extends a bough
heavy with human fruit

it hangs just above the earth
eyes overgrown with leaves
the head aureoled with birds

it is silent
like the mute tongue
of a worn-out bell

the feet drip pallor
silently
onto the sand

above
the sky
clear and shining
arches lyrically
like a narcissus

POŻEGNANIE LATA

czekałem
długo
na to zwiastowanie

kiedy dni doszły
do słodkiego miąższu

wiatr włożył mi w usta
ogniste języki drzew

i zaśpiewałem
pożegnanie lata

odchodzi
jak zranione zwierzę
w gęstwinę

więc
raz jeszcze
nie umarłem z trawami

i będzie złote ziarno
dla srok śniegu
i ciemnego nieba

FAREWELL TO SUMMER

I waited long
for this annunciation

when the days
ripened to their sweet kernel

the wind placed in my mouth
fiery tongues of trees

and I sang
a farewell to summer

it is slinking away
like a wounded animal
into the undergrowth

so once again
I have not died
with the grasses

and there will be golden seed
for the magpies of snow
and the dark sky

NOC

u szczytu
czarnej kamienicy
mała dziewczynka
walczy ze snami

nad jasnym czołem
ciemność
rozgałęzia swe olbrzymie rogi
dziobów krakaniem
i piskiem krogulczym

z nad morza wichura
słona piach z pianą mieszająca
łupkowym dachem potrząsa
jak gdyby wyrwać go miała
z korzeniami

wir zodiaku
wsysa powoli
w głąb niebios
oporne kamienie

tu jednookie błyszczą mgławice
tu morem kazi
Obłok Magellana

skryci w sercu domu
palimy horoskopy
papier kirem się zwija
ręce opadają ku ziemi
pustymi gniazdami

NIGHT

at the top
of the black house
a child
wrestles with dreams

above the clear brow
darkness
alive with croaking beaks
spreads its huge horns

the sea-wind
churning up sand and foam
shakes the slate roof
as if to uproot it

the vortex of the zodiac
slowly draws
obdurate stones
into the deeps of the sky

where one-eyed nebulae shine
and the Cloud of Magellan
spawns contagion

wombed by walls
we burn horoscopes
paper blackens in mourning
hands fall to the ground
like empty nests

ATOL

groźny był świt
na mrocznej gałęzi morza
księżyc szalał
jak gong
porażony gromem

po karbowanej blasze fal
toczył się
po grzmocie grzmot
i noc tonęła
w spienionych urwiskach

zawinęliśmy do portu
zatoka wita nas
kirem ciszy
i kleszczami
wulkanicznych skał

mały zardzewiały parowiec
kołysze się
w cyklopim oku wyspy
jak drzazga
w ciemnej glazurze studni

na mostku pilot
kręgiem szklistookich
otoczony baranów
nie flet lecz fajkę
z ust wyjął wrzoścową

mówi
tu kotwice są zbędne
morze nie ma dna

ATOLL

dread was daybreak
on the black bough of the sea
the moon raged
like a gong
struck by lightning

thunderbolt after thunderbolt
rolled
along the corrugated waves
and night sank
in chasms of foam

we entered the harbor

the bay
in silent mourning
welcomes us
with the claws of volcanic rocks

the small rusty steamer
sways
in the island's single eye
like a splinter
upon the dark glazed surface of a well

the pilot
on the bridge
surrounded by a flock
of glassy-eyed sheep
takes a briar pipe
not a flute
from his lips

saying
anchors are useless here
the sea is bottomless

PASMO TANTALA

przed niebem
i chmur ciemnym najazdem
chronią nas
spiętrzone głazy

dwa szczyty
stanęły na straży horyzontu
jak lwy
z grzywami lodowców

w przełęczy
jezioro
gdzie wiosna
wybucha orgazmem kwiatów
na miesiąc tylko

lasy karczują tu
widły błyskawic
zdobią mgły
wodospady i słońca

nie ma tu urn mosiężnych
nie ma gałek czarnych
ani białych

są tylko kamienie
szare jak popiół
które lecą
z grzechotem
do rzek

gdzie szczupak
szczupakowi
skrzela wydziera

TANTALUS RANGE

from the sky
and the black invasion of storm-clouds
heaped rocks
defend us

two peaks
stand guard over the horizon
like lions
with glacier manes

in the saddle
gleams a lake
where spring explodes
with an orgasm of flowers

below scythes of lightning
level forests
mists waterfalls and suns
embellish them

there are no bronze urns here
neither black balls
nor white

only stones
gray like ashes
which cascade rattling
into rivers

where steelhead
tear each other's gills

DYLIŻANS PROWINCJONALNY

pędzą konie
arterią kamieni
w oczy prószy
gwiezdny piach

jestem osią krajobrazu
karuzelą bruzd
która drzewami
wskazuje
nieruchomość nieba

w przedsionku doliny
stajemy
trzeba zmienić konie
białego i czarnego

drzemie tu woda
gnuśna i głęboka
syczy strumyk
żmijką bystrej rtęci

w chatach
na krawędzi snów i jawy
parobcy uprawiają porubstwo
pensjonarki poezję

jedźmy
stangret nagli
bat szykuje

komu w drogę
temu
czas

PROVINCIAL STAGE COACH

horses gallop
along the artery of stones
star-grit
stings the eyes

I am the axle of the landscape
the merry-go-round of furrows
which points its trees
at the immobility of the sky

on the threshold of the valley
we stop
the horses must be changed
the black and the white

water sleeps here
lethargic and deep
a stream hisses nearby
a viper of quicksilver

in the cottages
between dreams and waking
farmhands perpetrate fornication
and schoolgirls verses

let's go
cries the coachman
with lifted whip

time and the coach
wait for no man

LIBRARY O